보이차 마스터 1

보이차 마스터 1 : 궁금했던 보이차 이야기

제1판 제3쇄 발행   2019년 1월 28일
제1판 제2쇄 발행   2017년 5월 19일
제1판 제1쇄 발행   2015년 12월 19일

지은이   김태연, 대익다도원
사진   대익다도원, 김태연, 하보숙
펴낸이   허재식

펴낸곳   도서출판 조율
주소   경기도 파주시 탄현면 헤이리마을길 82-91. B동 301호
전화   031-944-8166
전송   031-944-8167
전자우편   joyul@joyulbook.com
홈페이지   www.joyulbook.com
출판신고   제406-2009-000053호(2009년 7월 27일)

© 김태연·대익다도원, 2015
ISBN   978-89-97169-21-4 (14590)
        978-89-97169-20-7 (세트)

값   7,000원
저자와 협의하여 인지는 생략합니다.

이 도서의 국립중앙도서관 출판시도서목록(CIP)은 서지정보유통지원시스템 홈페이지(http://seoji.nl.go.kr)와
국가자료공동목록시스템(http://www.nl.go.kr/kolisnet)에서 이용하실 수 있습니다.
(CIP제어번호: CIP2015032645)

보이차 마스터 1

김태연 · 대익다도원

조율

들어가며

홍차 혹은 녹차. 우리에게 참으로 친근한 차다. 보스턴 차 사건이나 아편전쟁 등 학창시절 교과서를 통해 접했던 굵직한 역사적 사건들의 단초를 제공한 세계적이고 역사적인 식품이다. 그리고 하동, 보성, 제주도 등 우리나라에서도 맛있는 녹차가 생산되고 있기에 우리에게도 낯설지 않다. 게다가 대형 프렌차이즈 카페부터 동네 어귀에 자리한 조그만 카페에 이르기까지, 깔끔하게 우린 오리지날 홍차나 녹차 외에도 버블티, 그린티 라떼, 로얄 밀크티 등 다양한 차 음료들은 이미 기본 아이템이 된지 오래다.

언젠가부터 녹차도 아니고 홍차도 아닌, '보이차'라는 낯선 이름을 가끔씩 듣게 되었다. 전세계 수많은 나라들 중에서 우리나라 사람들이 가장 많이 방문하는 나라가 중국이다. 우리에게 이처럼 익숙한 나라인 중국에서 만들어진다는 보이차는, 독특한 맛도 있고 건강에도 좋을 뿐 아니라 오래 두어도 된다고 하니 참으로 신기할 따름이다. 중국 여행 길에 궁금해서 사왔던 차, 혹은 중국을 다녀온 지인이 기념 선물로 사다 준 차가 우리 집 어느 한구석쯤에 들어와 자리 잡고 있다. 한지와 비슷한 종이에 싸인 둥글 넙적한 모양이 주를 이루는 낯선 차는 이렇게 우리 곁으로 다가왔다.

그런데, 막상 보이차라는 것을 마셔보려고 하니 어떻게 해야 하는 지를 잘 모르겠다. "몇 년 전에 사놓고는 까맣게 잊어버리고 있던 것을 지금 마셔도 될까? 평소 먹던 녹차나 홍차와는 다르게 한 덩어리로 붙어 있는 이것을 어떻게 잘라야 하는 걸까? 그냥 녹차 우리듯이 우리면 될까? 아니면 보리차 끓이듯이 주전자에 넣고 푹 끓여야 하나? 도대체 양은 또 얼마나 넣어야 하는 거지?" 이리저리 생각을 하다 보니, 머릿속이 복잡해진다. 차 한 잔 마시는데 뭐 이리 생각할 게 많은가 하며 차를 다시 제가 있던 구석에 도로 돌려놓는다.

평소에 다양한 도구를 사용하여 차를 우려 마시는 것에 익숙하지 않은 사람이라면, 선물 받은 보이차를 놓고 누구나 한번쯤 이런 상황을 경험한 적이 있을 것이다. 그러나 사실, 간단하게 보이차를 마시고자 한다면 별로 어려울 것도 없다. 어차피 차의 한 종류고 마실거리인데, 녹차나 홍차와 크게 다를 바가 무엇이 있겠는가.

커피 역시 우리에게 그렇게 다가왔다. 처음에는 블랙커피냐 다방커피냐 만을 따졌지만, 이제는 에스프레소, 아메리카노, 라떼, 카라멜 마끼아또 등의 커피 메뉴는 중고등학생도 술술 말할 수 있을 만큼 대중화되었다. 이제는 적지 않은 사람들이 집에서 커피 머신을 사용하거나 드립 커피를 내려마시고, 산지나 로스팅 정도에 따른 맛도 구분하는 사람들도 많아졌다. 이 역시 처음부터 그랬던 것은 아니지 않은가.

보이차 역시 마찬가지다. 언제 어디서나 쉽고 편하게 즐길 수 있는 티백tea bag도 있고, 우유를 더해 밀크티milk tea로 만들 수도 있고, 과일이나 향신료를 더해 베리에이션 티variation tea를 만들어도 좋고, 세월의 묵직함이 묻어나는 진년보이차aged Pu'er tea를 즐기는 것도 가능하다. 보이차에 대한 아주 기본적인 지식만 안다면 말이다.

그래서 '보이차 마스터' 시리즈는 보이차에 대한 가장 기초가 되는 지식들을 쉽게 전달하여, 우리 집 한구석에 잠자고 있는 보이차를 꺼내 가까이 두고 즐길 수 있기를 바라는 마음에 기획하였다. 이 책에 보다 쉽게, 편하게, 부담 없이 보이차를 즐길 수 있게 되기를 바라는 작은 희망을 담았다.

자, 이제 책을 펼치고 맛있는 보이차를 즐겨보자.

2015년 가을
대익다도원 김태연

1. 차 이름과 차 이름에 들어가는 지명은 모두 우리나라에서 쓰이는 발음대로 표기하였다.
   예) 푸얼차 → 보이차, 따홍파오 → 대홍포
2. 차 이름을 제외한 고유명사(중국의 지명, 소수민족의 이름 등)는 외래어 표기법에 따라 표기하였다.
   예) 곤명 → 쿤밍, 태족 → 다이족
3. 차 이름에 들어간 중국어의 경우, 실제 제품 포장지에 간체자가 쓰였으므로 이에 의거하여 그대로 간체자로 사용하였다.
   예) 진장아운: 珍藏亞運 → 珍藏亚运

보이차, 과연 어떤 차인가?

중국인에게 있어 차란 무엇일까. 2008년 8월 8일 저녁 8시, 베이징올림픽의 개막식이 시작되었다. 개막식 행사에서 베이징의 메인 스타디움인 냐오차오鳥巢 바닥에 실크로드를 상징하는 두루마리 족자가 펼쳐지고 그 위에 커다란 '차茶' 자가 나타났다. 중국에서는 처음으로 개최하는 역사적인 올림픽 현장에 차를 등장시켰다는 것은, 차가 중국인에게 있어 한자, 도자기와 더불어 가장 걸출한 문화유산으로 손꼽힌다는 것을 전세계 사람들에게 알리고자 하는 의도가 있었던 것이다.

차는 중국에서 시작되어 오늘날 전세계 30억 명의 사람들이 다양한 방법으로 소비하고 있는, 전세계인의 사랑을 받고 있는 기호음료다. 그리고 중국은 전통적인 세계 1위의 차 생산 대국이다. 그러나 중국의 차는 그 양적인 부분보다 '다양성'에 더 큰 가치를 부여할 수 있다. 예를 들어, 우리나라나 일본을 대표하는 차는 녹차고, 인도를 대표하는 차는 다질링Darjeeling, 아삼Assam 등의 홍차, 스리랑카는 실론티Ceylon tea 등의 홍차라고 할 수 있다면, 중국을 대표하는 차는 이처럼 몇 가지로 손꼽을 수 있을 만큼 간단하지가 않다. 중국에서는 몇 천 년 동안 이어져 내려

11

온 오래된 차의 역사만큼이나 다양한 차가 개발되었고, 현재도 생산되고 있다. 지금까지 중국에서 만들어진 차의 종류만도 천여 가지가 넘는다고 한다. 그렇다면 다른 나라와 달리 유독 중국에서 다양한 차를 생산할 수 있는 이유는 무엇일까?

중국은 약 960만km²에 달하는, 세계에서 4번째로 넓은 영토를 지니고 있는 나라다. 대륙大陸이라 불릴 만큼 넓은 영토를 지니다 보니, 한 나라이지만 그 안에서도 다양한 기후 조건과 자연환경이 공존한다. 예를 들어 1년 중 가장 추운 1월, 중국에서도 가장 북쪽에 자리한 헤이룽장黑龍江은 기온이 영하 30도까지 내려가며, 눈과 얼음으로 뒤덮여 있다. 반면 가장 남쪽에 있는 섬으로 중국의 하와이라 불리는 하이난海南은 아무리 추워도 영상의 온도를 유지하기에 한겨울에도 해수욕이 가능할 정도로 따뜻하다. 때문에 비록 한 나라지만 다양한 동식물이 어울려 살아갈 수 있고, 그로 인해 다채로운 음식문화가 생겨났으며 차를 마시는 스타일에서도 많은 차이를 보이게 되었다. 차가 많이 나지 않는 건조한 북방 지역에서는 전통적으로 향기가 좋은 화차花茶를 즐겨 마시고, 음식이 담백한 편인 장저江浙[장수(江蘇)와 저장(浙江)] 지역에서는 이에 맞는 깔끔한 녹차를, 날이 덥고 습해 수시로 수분을 보충하기 위해 차를 많이 마시는 광둥廣東 지역에서는 많이 마셔도 위에 부담이 덜한 오룽차들을 많이 마시는 문화가 형성된 것이다.

자연환경 외에 중국의 차 문화 형성에 지대한 영향을 미친 또한 가지 요인으로는 중국의 다양한 민족을 꼽을 수 있다. 중국은 서로 다른 개성과 풍습을 지닌 56개의 민족들이 고유의 전통문화를 지키며 살아가는 나라다. 각 민족들의 독특한 식습관과 생활문화는 다채로운 차 문화를 만들어냈는데, 짱족藏族의 '수유차酥油茶', 바이족白族의 '삼도차三道茶', 멍구족蒙古族의 '함내차咸奶茶', 다이족傣族의 '죽통차竹筒茶', 나시족納西族의 '염파차盐巴茶' 등이 있다. 이처럼 여러 지역에서 저마다의 독특한 차 문화가 형성되어 있기 때문에 차는 중국의 수많은 전통문화 중에서도 특히 지역적·민족적 성향이 강하게 드러나는 문화로 손꼽혀, '중국의 문화를 들여다 보는 문'이라고도 불리는 것이다.

이제 보이차를 말해보려 한다. 보이차는 전세계에서 중국에서만 생산되는 차이자, 중국의 수많은 차 중에서도 특히 소수민족의 색채가 짙은 차이기도 하다. 그리고 중국을 넘어 전세계 많은 사람들에게 사랑받고 있는 차다. 그럼 이제 중국 소수민족의 문화를 들여다 볼 수 있는 문을 열고, 그들의 문화 속으로 들어가보자.

01

•••

청정지역에서 자라는
자연친화적인 차

01
보이차의 고향, 윈난

보이차란 도대체 어떤 차인가? 중국어로는 '푸얼차普洱茶'라고
하며 우리나라에서는 통상적으로 '보이차'라고 부른다. 그렇다면
보이차가 무엇인지 그 정의부터 알아보자.

지리 표시 보호구역 내의 운남대엽종 쇄청모차를 원료로
지리 표시 보호구역에서
특정한 가공 방법에 따라 만들어진, 독특한 품질 특징을 가지는 차

이것이 바로 2008년에 중화인민공화국 국가표준*에서 정의한
보이차이다. 이 말만 놓고 보면, 보이차는 도대체 무슨 차를 말
하는 것인지 복잡하기만 하다. 그렇지만, 이 정의에서 사용되는
몇 가지 어휘만 이해하면 사실 그리 어려울 것도 없다.

먼저 '지리 표시 보호구역'이 무엇을 의미하는지부터 알아보
자. 보이차의 원료가 되는 나무가 자라나야 하고, 보이차가 만
들어져야만 하는 지역인 '지리 표시 보호구역'은 얼핏 우리나라
에서도 시행되고 있는 '지리적 표시제도'를 연상시킨다. 그러나
이 두 가지 제도는 엄밀히 말하면 정반대라고 할 수 있다.

지리적 표시제도는 특정지역의 농산물과 가공품에 지역이름을 표시해 생산자와 소비자를 보호하는 제도다. 예를 들어, 쌀은 우리나라 전역에 걸쳐 생산되는 대표적 농산물이지만 지리적 표시제도에 따라 이천에서 나는 쌀은 '이천 쌀', 여주에서 나는 쌀은 '여주 쌀'이라는 식으로 지역 이름을 표시할 수 있다. 이 제도로 인해 소비자들이 안심하고 해당 상품을 구입할 수 있다. 이처럼 '지리적 표시제도'는 여러 곳에서 나는 같은 농수산물 중에서 특정 지역의 품질이 우수하다는 것을 보장하는 제도이다. 이와 반대로 '지리 표시 보호구역'은 해당 지역 내에서 생산된 제품만을 인정하겠다는 의미가 담겨 있다. 다시 말해, 해당 구역 내에서 생산된 차가 아니면 전세계 어느 곳을 막론하고 똑같은 방법으로 만들었을지라도 보이차라 부를 수 없다는 것을 뜻한다. 그럼 도대체 보이차의 '지리 표시 보호구역'은 어디를 말하는 것일까?

바로 중국의 윈난이다. 윈난은, 한자로 '구름 운雲', '남쪽 남南'을 써 우리 발음으로 하면 운남, 뜻은 '구름이 있는 남쪽 지역' 정도로 풀이할 수 있다. 그 이름에서 미루어 짐작할 수 있듯이

중화인민공화국 '국가표준' 공인화된 표준화 기관에 의해 채택되어 일반에게 공개되는 문서로 국민경제, 기술정책, 관리방법 등에 관한 표준화된 규정을 의미한다. '중화인민공화국 표준화법'에 따라 국가표준, 업계표준, 지방표준, 기업표준의 네 가지로 구분한다.

윈난성은 중국 대륙에서도 가장 서남쪽에 자리하고 있는 지역이다. 중국의 대륙은 지형 구조상 서쪽에 해발고도가 높은 산간지역이 몰려 있는 서고동저西高東低의 특징을 가지고 있다. 즉, 서쪽으로는 티베트Tibet, 쓰촨四川 등의 높은 산지와 고원으로 이루어져있으며, 동쪽에는 바다와 연해 있어 중국 내에서도 가장 발달한 도시들인 베이징北京, 상하이上海, 광저우廣州 등이 몰려 있다. 윈난은 평균 해발고도가 약 2000미터에 달할 정도로 높은 지역이기에 습하지 않고, 지리적으로 미얀마·라오스·베트남 등의 국가와 이웃하고 있어 전반적으로 동남아시아와 비슷한 따뜻한 기후다. 윈난성의 성도省都인 쿤밍昆明은 4계절이 모두 따스하다 하여 '춘성春城', 즉 봄의 도시라고 불린다.

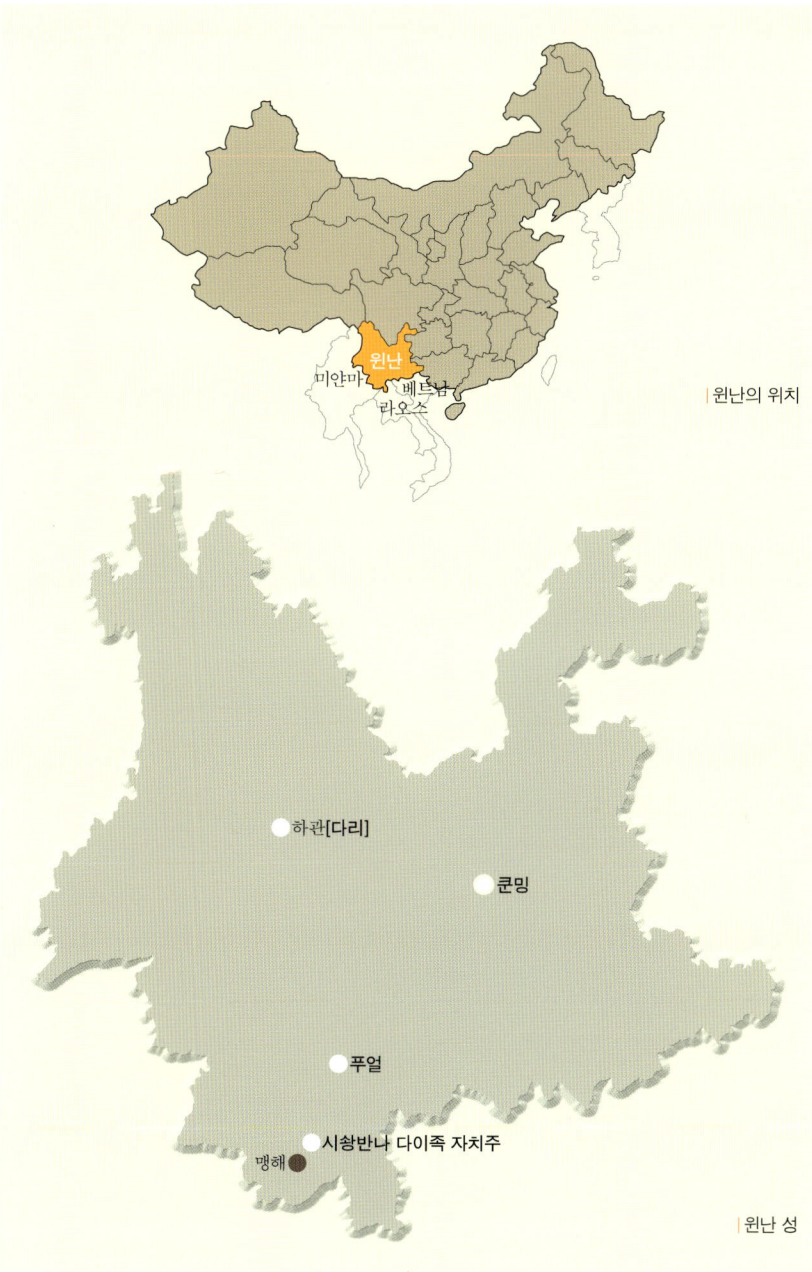

미얀마

베트남

라오스

윈난

윈난의 위치

하관[다리]

쿤밍

푸얼

시솽반나 다이족 자치주

멍해

윈난 성

윈난은 단순히 따뜻한 기후 조건을 갖춘 곳일 뿐 아니라 다채로운 문화가 공존하는 곳이기도 하다. 중국에서는 '치차이윈난七彩雲南'이라는 말로 윈난을 묘사한다. '치차이'란 원래 무지개의 일곱 가지 색을 뜻하는 말이지만, 문화적 다양성을 의미하는 말이기도 하다. 그래서 '치차이윈난'이란 '다채로운 문화적 색채를 지닌 윈난'이라는 의미로 풀이된다. 중국의 56개 소수민족 중에서 윈난에만 25개의 소수민족이 살고 있으며, 그 중에서도 특히 다이족傣族, 먀오족苗族, 하니족哈尼族, 와족佤族, 뿌랑족布朗族 등은 민족적 색채를 강하게 보존하고 있다. 이처럼 중국 내에서도 가장 다양하고 다채로운 소수민족의 문화와 생활방식이 어우러져 있는 지역이 윈난이며, 바로 이곳에서 다양한 소수민족의 손을 거쳐 만들어지는 중국 특유의 차가 바로 보이차이다.

찻잎을 따는 뿌랑족 여인

02
소수민족의 생활이 된 차

중국은 문화 콘텐츠에 대한 스토리텔링에 강한 나라이다. 중국의 문화를 대표한다고 할 수 있는 차 역시 예외는 아니어서, 이름난 차들은 저마다 하나씩의 스토리를 지니고 있다. 명나라 때 과거를 보러 가던 한 선비가 더위를 먹고 길가에 쓰러졌는데 근처 절의 승려가 길을 지나다 이를 보고 차를 마시게 하여 원기를 회복했다. 선비는 무사히 과거를 보고 장원급제하였고 그 고마움에 차나무에 붉은 옷, 즉 '홍포紅袍'를 선물하였다. 그래서 붙은 차의 이름이 '대홍포大紅袍'이다. 또 푸젠福建 안시安溪의 한 노인이 관음불상에 매일같이 차를 올렸는데 꿈에 관음보살이 나타나 차나무의 위치를 알려주어 얻게 되었다는 '철관음鐵觀音'의 일화 등이 그것이다. 이처럼 중국의 차에 관련된 이야기들 중에는 어찌 보면 약간은 허구적으로 들릴 수도 있는 전설과 같은 이야기들이 많다.

그러나 보이차라는 이름은 이런 전설과 같은 이야기에서 유래된 것은 아니다. 보이란 중국 소수민족 중 하나인 하니족哈尼族의 말로, 윈난 남서부에 있는 지명이었다. 과거 윈난에는 '보이(중국 발음: 푸얼)'라는 지역이 있었는데, 이곳은 윈난 성 각지에서 만들어진 차들을 모았다가 중국 대륙을 넘어 북쪽으로는 티베트, 남쪽으로는 라오스 등지로 보내는 곳이었다. 그 후로 자연스럽게 '푸얼 지역을 거쳐 나간 차'라고 하여 그 지역의 이름을 따 보이차(푸얼차, Pu'er tea)라고 불리게 된 것이다.

그럼 윈난 사람들에게 보이차란 어떤 존재일까? 우리에게 있어 보이차란 기호음료의 한 가지일 뿐이지만, 윈난 사람들에게 있어 차는 단순한 음료 이상의 존재다. 보이차가 전세계 사람들에게 알려지고 사랑 받으면서 소수민족들이 살고 있는 집 뒷산에 수백 년, 혹은 수천 년 동안 살고 있었던 차나무들은 그들에게 경제적인 이득을 가져다 주었다. 허름한 전통가옥에 살던 사람들은 반듯한 이층집을 올리고, 조용하던 시골 마을에 편의시설이 들어섰으며, 해마다 봄이면 차를 구하기 위한 사람들이 몰려든다.

보이(푸얼) 과거 푸얼은 지금의 시솽반나(西雙版納) 및 쓰마오(思茅) 지역 행정소재지였다. 보이차의 인기가 높아지면서 쓰마오 시(思茅市)를 푸얼 시(普洱市), 보이 시로 개명했다.

그렇다면 그들이 과연 차나무를 경제적인 대상으로만 삼을까? 절대 그렇지 않다. 윈난 산골의 많은 사람들에게 차나무는 그 자체로 영혼이 깃들어 있는 신령한 존재이다. 실제로 아직도 매해 이른 봄, 찻잎을 수확하는 시기가 되면 처음으로 딴 찻잎과 정성스레 마련한 제물을 들고 그 지역에서 가장 오래된, 보통 '차나무의 왕'이라고 부르는 큰 차나무를 찾아가 정성스레 제를 올린다. 이는 올해도 변함없이 차를 수확할 수 있게 해준 차나무를 향한 그들의 정성과 감사의 표현이다.

| 하니족의 차제(茶祭) ▶

또한 이들에게 있어 차는 그들의 삶과 분리될 수 없는 것이기도 하다. 각각의 소수민족들은 자신의 문화대로 생활 속에서 차를 즐긴다. 바이족白族은 결혼식 때 인생을 세 가지 다른 맛의 차로 표현한 '삼도차三道茶'라는 것을 즐기며, 지눠족基諾族은 평소 찻잎과 여러 가지 양념을 섞어 만든 '량반차凉拌茶'라는 음식을 즐긴다. 또한 다이족傣族과 뿌랑족布朗族은 푸른 대나무 한 마디를 끊어 내어 그 안에 찻잎을 넣고 차를 끓여 마시는 '죽통차竹筒茶'를 즐긴다.

이처럼 윈난 사람들에게 있어 차는 단순한 음료가 아니다. 수많은 사람들의 생계 수단이지만 신성시 여기는 대상이기도 하고, 음식의 재료이기도 하면서 중요한 행사에는 절대 빠질 수 없는, 그야말로 그들의 삶과 분리될 수 없는 존재인 것이다.

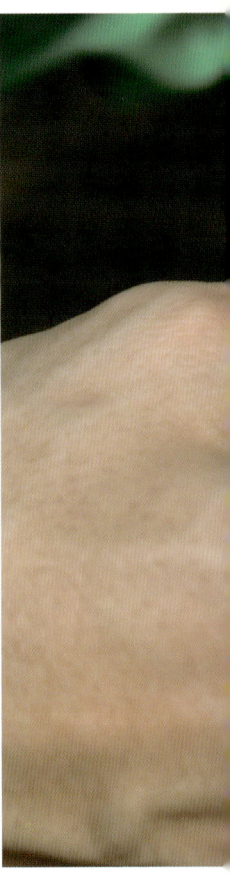

죽통차

29

03
윈난의 자연환경

이즈음에서 한 가지 의문이 든다. "왜 보이차는 윈난에서만 만들어지는가?"

윈난은 '세계 차나무의 발원지'라고 불리는 곳이다. 그러한 별칭이 어울릴 만큼, 세상에서 가장 오래된 수령의 거대한 차나무들이 지금도 살아 숨쉬고 있다. 치엔지아짜이千家寨라고 불리는 깊은 산에는 무려 2700년 된 차나무가 살고 있고, 난눠산南糯山에는 800년 전 조상들이 심어 재배했던 차나무가 자라고 있다. 이렇게 오래된 차나무들이 지금까지 살아 있는 것은, 윈난이 차나무가 자라기에 매우 적합한 자연환경을 갖추고 있기 때문이다.

차나무는 사실 매우 예민한 식물이다. 햇볕을 좋아하지만 지나친 직사광선은 싫어하고, 습한 것을 좋아하지만 지나치게 비가 많이 오는 것은 싫어하며, 너무 더운 것도 너무 추운 것도 싫어한다. 그리고 약산성의 흙을 좋아한다. 윈난은 이처럼 까다로운, 차나무가 좋아하는 조건을 고루 갖추고 있다.

양질의 보이차 원료가 생산되는 곳은 해발고도 1200~2000미터 정도의 고산지역으로 일년 내내 따뜻한 태양의 기운을 고르게 받을 수 있다. 일반적으로 해발고도가 높은 지역은 태양과의

단바산의 수령 800년된 재배형 차나무

거리도 상대적으로 가까워지기 때문에 지나치게 쨍쨍한 햇볕을
받을 것 같지만, 높은 산지 지역에는 수시로 물안개와 운무가 끼
기 때문에 적당한 그늘이 드리워져 매우 알맞은 일조량을 유지
한다. 그리고 윈난의 1000밀리미터가 넘는 연평균 강수량, pH
4.5~5.5에 달하는 토양 산성도는 차나무가 살기에 아주 편안한
조건을 환경을 제공한다.

  차나무는 무엇보다도 추위에 약한 식물이다. 우리나라에서도 남쪽 지역인 제주·하동·보성 등지에는 아름답게 조성된 대규모 차밭을 쉽게 볼 수 있지만, 북쪽인 서울·경기권에서는 차나무를 잘 볼 수 없는 이유 역시 북쪽으로 올라갈수록 겨울이 너무 추워 차나무가 쉽게 얼어 죽기 때문이다. 중국에서도 보성, 하동과 북위가 비슷한 산둥山東의 르자오日照 지역을 기준으로 그보다 북쪽에서는 차나무를 재배하지 않는다.

윈난은 연평균 기온이 12~23도로 매우 따뜻하며, 겨울과 여름의 온도 편차가 그리 크지 않기 때문에 겨울에도 기온이 영하로 떨어지는 일은 거의 없다. 때문에 겨울이 되어도 차나무가 동사하는 일 없이 잘 자랄 수 있는 것이다.

윈난 차 산의 운무

02

•••

녹차와는
무엇이 다를까?

01
차란 무엇인가?

　　우리나라에서는 '차'라고 하면, '차나무의 싹이나 어린 잎을 원료로 하여 가공한 제품', '차나무의 어린 잎을 달이거나 우린 물', '식물의 잎이나 뿌리, 과일 따위를 달이거나 우리거나 하여 만든 마실 것을 통틀어 이르는 말' 등 여러 가지 의미를 담고 있다. 전자의 두 가지는 보이차를 비롯하여 녹차·홍차 등 차나무의 잎으로 만든 것들을 포함하고, 후자에는 각종 허브티를 비롯하여 둥굴레차·보리차·칡차·연잎차·꽃차 등 다양한 식물의 잎이나 뿌리 또는 꽃으로 만든 차들을 포함한다.

그러나 엄격하게 말하면, '차'라는 말 자체는 '차나무의 잎으로 만든 마실거리'를 의미하며, 이 차나무는 산차목 산차과 산차속에 속하는 '카멜리아 시넨시스Camelia sinensis'라는 학명을 가진 나무를 지칭한다. 차나무는 다년생 상록 목본식물로 이 나무의 잎으로 우리가 잘 알고 있는 녹차나 홍차를 비롯하여 보이차, 백차 등의 다양한 차들이 만들어지는 것이다.

02
차의 원료

차나무의 잎으로 만든 차 중에서 우리가 가장 쉽게 접할 수 있는 차는 녹차나 홍차일 것이다. 그렇다면, 이 외에 또 어떠한 차들이 있을까? 평소에 조금이라도 차에 관심이 있었다면 보이차나 오룡차, 백차와 같은 차 이름도 들어봤을 것이다. 그렇다면 이 차들은 과연 무슨 차이가 있고, 어떻게 구분하는 것일까?

먼저 차의 '원료'에 대해 이해해보자. 녹차를 만드는 차나무와 홍차를 만드는 차나무는 다를까? 이에 대한 대답으로 우리가 주변에서 흔히 볼 수 있는 과일인 사과를 예로 들 수 있다. 우리가 '사과'라고 부르는 과일을 보면, 껍질은 빨간색 혹은 초록색 등 다양한 색깔을 하고 있으며, 과육은 연노란색을 지니고 있다. 그러나 자세히 알아보면, 북두·세계일·양광·신홍·육오·부사·추광 등 수많은 품종들이 있다는 것을 알 수 있다. 그리고 품종에 따라 생김이나 색깔, 식감 등이 조금씩 다르다.

차도 이와 다르지 않다. 우리가 통칭 차나무라고 부르는 것에도 매우 많은 품종이 있고, 각기 다른 품종의 차나무에서는 잎의 크기도 다르고 모양도 성분도 조금씩 다른 이파리들이 자란다. 세분하면 수백여 개의 품종으로 구분할 수 있지만, 크게 차나무 잎의 크기에 따라 잎이 작은 '소엽종小葉種'과 잎이 중간 크기인 '중엽종中葉種', 잎이 큰 '대엽종大葉種'으로 나눌 수 있다. 겨울에 영하까지 온도가 떨어지는 우리나라에서 자라는 차나무는 찻잎이 작고 여리지만 상대적으로 추위에 강한 소엽종 차나무가 주를 이룬다. 반대로 윈난처럼 사계절 모두 고르게 따뜻한 지역에서는 대엽종 차나무가 잘 자란다. 소엽종 차나무의 다 자란 잎이 성인의 손가락 길이 정도라면, 대엽종 차나무의 다 자란 잎은 작은 것은 손바닥 전체 길이 만하고 더 큰 것은 성인의 얼굴을 다 덮고도 남을 정도다. 일반적으로 소엽종의 차나무들은 녹차나 홍차를, 중엽종은 오룡차를, 대엽종은 보이차를 만들기에 적합하다.

대엽종 찻잎

각각의 차를 만드는 데는 적합한 차나무 품종이 따로 있다. 똑같은 소엽종이라고 할지라도 품종은 매우 다양한데, 어떤 것은 상쾌한 맛이 나기에 녹차에 더 적합하고 어떤 것은 향이 풍부하기 때문에 홍차에 더 적합하다. 이는 녹차의 원료가 되는 찻잎으로 홍차를 만들 수 없다는 것도 아니고, 반대로 홍차의 원료가 되는 찻잎으로 녹차를 만들 수 없다는 것도 아니다. 다만, 완성된 차의 품질을 좋게 만들기 위해 더 적합한 품종을 골라 차를 만드는 것이다.

그래서 기후적인 조건으로 인해 소엽종 차나무가 자라는 우리나라에서는 자연스럽게 소엽종 찻잎으로 만들기 적합한 녹차가 주로 생산되는 것이고, 대엽종 차나무가 대부분인 윈난에서는 대엽종 찻잎으로만 만들 수 있는 보이차가 생산되는 것이다. 그렇다면 소엽종 차나무의 잎으로 보이차를 만들 수는 없는 것일까? 사실 소엽종으로도 보이차의 제조 방법에 따라 만들 수는 있다. 그리고 심지어 소엽종 찻잎으로 갓 만든 보이차는 상당히 향기롭고 맛도 훌륭하다. 그러나 보이차는 다른 차와는 달리 쓰고

떫은 맛이 풍부하게 나타나야 어느 정도 시간이 흐른 후 두터
우면서도 조화로운 보이차만의 풍미를 형성하게 된다. 소엽종은
대엽종보다 아미노산 등 감칠맛을 내는 성분은 많이 들어 있는
대신 쓰고 떫은 맛을 구성하는 폴리페놀의 함량이 적어 이처럼
강한 맛을 내기 어렵다. 그래서 일정 시간이 지난 후에는 아주
다른 맛을 가지기에 보이차는 반드시 윈난에서 나는 대엽종 차
나무의 잎으로 만들어야 한다고 규정하고 있는 것이다.

03
차의 종류

차의 종류를 결정하는 데 있어 가장 중요한 것은 제조 방법이다. 중국에서 가장 대중적으로 사용되는 차의 분류법인 6대 다류六大茶類 역시 제다 방법에 따라 백차白茶, 녹차綠茶, 황차黃茶, 오룡차烏龍茶, 홍차紅茶, 흑차黑茶 여섯 가지로 구분한다. 그러나 국가표준에는 이 여섯 가지 분류 안에 넣기 어려운 화차花茶, 긴압차緊壓茶, 티백차, 가루차의 4가지 형태를 더해 총 10가지로 구분하기도 한다. 이는 차를 만드는 방법이나 차의 특징 등 여러 가지 요인을 다양하게 고려하여 만든 기준이다. 이 기준에 따르면 보이차는 흑차에 속하는 것으로 되어 있으나, 생차와 숙차로 구분하는 보이차의 특성상 일괄적으로 포함시키기에는 다소 무리가 있는 것도 사실이다. 이에 백차, 녹차, 황차, 오룡차, 홍차, 흑차, 보이차의 7대 다류로 구분하는 방법도 있으나, 아직까지 차의 분류법에 대해서는 중국 내에서도 여러 이견이 존재한다.

그럼 우리가 평소 즐겨 마시는 녹차와 홍차를 떠올려 보자. 두 가지 차 모두 같은 차나무의 잎으로 만들 수 있다. 녹차의 찻잎은 짙은 녹색이고 우렸을 때의 색깔은 연둣빛으로, 상큼하며 가벼운 느낌의 향과 맛을 지녔다. 찻잎과 찻물 모두 녹색이라 '푸를 녹綠'을 써서 녹차Green tea라고 부른다. 이에 반해 홍차는 찻잎이 검기 때문에 영어로는 블랙티Black tea, 우렸을 때의 찻물은 붉은 색이기 때문에 '붉을 홍紅'을 써서 홍차라고 한다. 홍차는 달콤한 맛과 향이 일품이다. 그럼 같은 원료로 만든 두 가지 차의 색깔, 향기, 맛이 왜 이렇게 차이가 날까? 정답은 바로 '산화酸化, oxidation'에 있다.

차의 산화와 발효란?

　산화와 발효는 차의 종류와 특징을 결정짓는 가장 중요한 요소이다. 그러나 우리나라에서 대부분 차의 산화와 발효를 구분하여 사용하지 않고, 뭉뚱그려 모두 발효로 표현하는 경우가 많다. 그러나 이는 다른 개념이기 때문에 구분하여 사용하는 것이 맞다.

차의 산화란 찻잎에 들어 있는 효소가 페놀류의 성질을 변화시키는 것으로, 산화에 필요한 두 가지 조건은 '효소'와 '공기'이다. 나무에 붙어 있던 찻잎을 따는 순간 세포가 손상되면서 공기와 접촉하여 찻잎의 산화는 시작된다. 사과를 깎아 놓아 공기 중에 과육이 노출되면 색이 점점 변하면서 갈색을 띠는 갈변 역시 대표적인 산화 현상이다. 대부분의 신선 식품에서는 산화라는 개념이 부패와 연결되기 때문에 부정적으로 사용되지만, 차에서 산화는 없어서는 안 되는 중요한 요소이다. 같은 찻잎으로 차의 산화를 억제하여 만들면 녹차가 되고, 충분히 산화시켜 만들면 홍차가 되기 때문이다.

차의 발효는 미생물이 자신이 가지고 있는 효소를 이용해 유기물을 분해시키는 과정을 말하는데, 차가 원래 가지고 있는 효소에 의해 일어난 발효와 미생물이나 균에 의해 일어나는 발효가 있다. 보이 숙차는 인공적으로 습도와 온도를 올려 미생물이 활발하게 작용할 수 있는 환경을 만들어 주어 짧은 시간 내에 차의 성질을 변화시키는 '악퇴渥堆, pile fermentation' 과정을 통해 차를 완성하게 되는데, 이것이 바로 발효인 것이다. 보이차 외에도 복전차茯磚茶, 천량차千兩茶 등의 흑차 역시 발효시켜 만든 차다.

녹차를 만드는 방법을 간단하게 정리해보면 다음과 같다.

살청 〉 유념 〉 건조

차나무에서 찻잎을 따면, 그 순간부터 찻잎은 천천히 산화가 진행된다. 그리고 아무 처리를 하지 않은 상태로 산화가 계속 진행되다 보면 부패가 되는 것이다. 이는 다른 채소도 수확한지 일정 시간이 지나면 색이 변하고 물러지는 것과 같은 이치이다. 그래서 찻잎을 차나무에서 딴 후에 산화를 억제시켜 녹차의 푸른 빛을 유지하기 위해 찻잎에 높은 온도의 열을 가한다. 이 열로 인해 찻잎에 들어 있는 산화 효소가 역할을 하지 못하게 만들어 산화가 진행되지 않도록 하는 것이 '살청殺靑, fixing'이다. 살청을 거친 후에 다시 찻잎을 비벼 차의 세포막을 손상시키면서 찻잎의 형태를 만드는 '유념柔捻, rolling' 과정을 거친다. 이렇게 만들어진 찻잎을 '건조乾燥, drying'시켜 녹차를 완성한다.

솥을 이용한 찻잎 살청

그렇다면, 녹차와는 색깔부터 맛까지 매우 다른 홍차는 어떻게 만들어질까?

위조 ▶ 유념 ▶ 산화 ▶ 건조

홍차는 차의 산화를 억제시켜 푸른빛을 유지하는 녹차와는 달리 산화를 충분히 진행시켜 붉은색을 만들어내기 때문에, 살청의 과정을 거치지 않는다. 그러나 유념이 잘 될 수 있도록 먼저 찻잎을 시들리는 '위조萎凋, withering' 과정을 거치는데, 찻잎에 남아 있는 수분을 적당히 날려 유념 과정에서 찻잎을 비벼도 찻잎이 부러지거나 망가지는 것을 막는 효과가 있다. 그리고 홍차의 품질을 결정하는 '산화酸化, oxidation'를 진행 하는데, 이는 찻잎에 적당한 온도와 습도를 공급해 차의 달콤한 향과 부드러운 맛을 만들어내는 과정이다. 산화 과정을 거친 차는 건조하여 완성한다.

유념을 거친 찻잎

보이차는 과연 녹차나 홍차와는 얼마나 다른 방법으로 만드는 것일까?

보이차의 가장 큰 특징은 가공 과정에 따라 보이 생차^{普洱生茶} Raw Pu'er tea와 보이 숙차^{普洱熟茶} Ripe Pu'er tea, 두 가지로 구분할 수가 있다는 것이다. 중국에서 수백, 수천 종류의 차가 생산되고 있지만, 그 중에서 한 가지 이름을 가진 차가 전혀 다른 두 가지 방법으로 생산되는 것은 오직 보이차뿐이다. 보이차의 제조 방법을 간단하게 정리하면 아래와 같다.

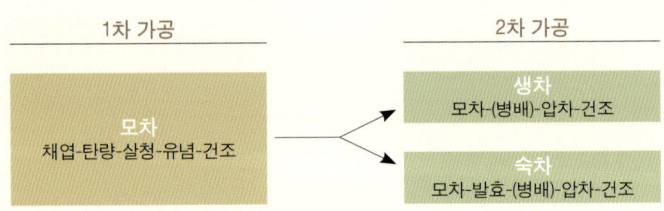

차를 만들 때, 일반적으로는 찻잎을 따서 완제품을 만들기까지의 과정이 논스톱으로 한 번에 진행된다. 그러나 보이차의 경우, 먼저 '모차^{毛茶}, Primary tea'라는 것을 만들었다가 이 모차를 원료로 보이 생차와 보이 숙차로 나누어 다시 한 번 가공을 하게 된다.

01
모차 만들기

　중국어에서 '모毛'라는 글자는 초벌, 혹은 정제되지 않은 것을 의미하는 말로 쓰여, '모차毛茶'란 우리말로 하면 '초벌차' 쯤에 해당한다. 모차를 만드는 것은 산지에서 찻잎을 따는 '채엽采葉'에서부터 시작한다. 윈난의 깊은 산 속에서 자라는 차나무들은 사람의 키보다 훨씬 크게 자라기 때문에 나무를 타고 올라가거나 사다리나 디딤목을 설치해서 밟고 올라가야만 찻잎을 딸 수가 있다. 그러나 이렇게 오르락내리락하며 한 사람이 딸 수 있는 찻잎의 양이 많지 않기 때문에 차나무를 가지치기해서 키를 낮추고 다원의 형태로 조성해 생산 효율을 높인다. 이렇게 깊은 산속이나 다원에서 차농茶農들이 대나무로 짠 바구니나 자루에 손잡이를 만들어 붙인 가방을 메고 찻잎을 딴다.

디딤목을 놓고 올라가야 하는 차나무

| 찻잎을 따고 있는 다이족

이렇게 찻잎을 따고 난 후 그늘진 곳에다 찻잎을 고르게 펼쳐놓는데, 이를 '탄량攤涼, spreading'이라고 한다. 이 과정을 통해 찻잎에 남아 있는 풀 비린내와 수분을 증발시킴으로써 찻잎이 부드러워져 살청을 하기 좋은 상태로 만들어준다. 탄량을 마친 찻잎은 녹차와 마찬가지로 살청과 유념 과정을 거친다. 다만, 지역에 따라 유념을 한 뒤 찻잎을 살짝 쌓아두는 '악황渥黃, yellowing'의 과정을 거치기도 하는데, 차의 풍미를 좋게 해주는 역할을 한다. 이후 찻잎을 건조시켜 모차를 완성한다. 건조는 품질을 결정짓는 매우 중요한 요소로, 반드시 '쇄건曬乾, sun drying'을 해야 한다. 쇄건은 '쬘 쇄曬', '말릴 건乾'으로 햇볕을 쐬어 건조시킨다는 말로, 윈난의 강한 햇볕을 받은 찻잎들은 햇살향을 머금

은 모차로 완성된다. 이는 햇볕에 보송보송하게 잘 말린 세탁물에서 나는 것과 비슷한 특유의 향기로, 이렇게 만든 모차만이 시간이 지나도 보이차 특유의 맛과 향을 형성하게 되는 것이다. 이는 말린 고추를 살 때도 태양초니 반양건이니 하는 조건을 따

채엽한 찻잎

지는 것처럼, 차의 품질에 있어서도 매우 큰 영향을 미치는 요소
인 것이다.

　모차가 만들어졌으면 이제 이것을 원료로 숙차나 생차를 만
들 수 있다.

| 농가에서 햇볕으로 건조하고 있는 찻잎

| 완성된 모차

02
생차 만들기

생차生茶를 만들 때는 먼저 '병배拚配'라는 과정을 거치게 된다. 병배는 영어로 하면 '블렌딩blending'이고 더 쉽게 말하면 우리가 요리를 할 때 쓰는 '레시피recipe'와 비슷한 것이다. 김치를 예로 들어보자. 집집마다 모두 김치를 담근다고 해도 단 한 집도 똑같은 맛이 나지 않는다. 이것은 김치에 들어가는 고춧가루나 젓갈, 각종 양념의 종류와 양이 집집마다 모두 다르기 때문이다. 보이차의 원료가 되는 모차도 이와 같다. 지역에 따라, 계절에 따라, 등급에 따라 맛이 다 다르다. 이 다양한 향과 맛을 지닌 모차들을 적당한 가짓수와 양으로 섞는 과정을 병배라고 한다. 이는 보이차의 품질을 결정하는 아주 중요한 과정으로 병배 과정을 거친 차를 '병배차拚配茶'라고 부른다. 그럼 보이차에는 병배차만 존재할까? 그렇지는 않다. 병배를 거치치 않고 한 지역에서 난 원료, 혹은 한 계절에 생산된 원료 등 한 가지 원료로만 만든 차는 '순료차純料茶'라고 부른다. 일반적으로 대규모 차창에서는 병배차, 소규모 차창에서는 순료차 위주의 제품을 생산한다.

병배가 왜 필요할까?

병배는 계절이 다른 찻잎, 지역이 다른 찻잎, 등급이 다른 찻잎, 연수가 다른 찻잎 등 다양한 조건의 찻잎을 섞어서 최상의 맛과 향을 이끌어내는 방법이다. 그렇다면 보이차를 만들 때, 도대체 왜 여러 가지 원료를 섞어야 할까?

찻잎은 가공품이 아닌 농산품이기 때문에 기후의 영향을 매우 많이 받는다. 그래서 강수량이나 일조량 등 자연환경의 변화에 따라 같은 지역에서도 매 계절마다 다른 맛과 향을 지닌 찻잎을 수확할 수밖에 없다. 병배는 이러한 원료의 변동성을 조절하여 안정적인 품질의 차를 만들어내기 위한 기본 작업이다. 예를 들자면, 맛이 풍부한 원료와 향기가 좋은 원료를 섞어 맛과 향이 모두 좋은 보이차를 만들어낼 수 있는 것이다.

|병배를 진행하기 위해 분류해 놓은 찻잎들 ▶

이론상으로는 매우 간단하지만 실제로 병배를 할 때는 상당한 노하우를 필요로 한다. 보이차의 원료를 생산하는 유명한 산지만 따져도 수십 곳에 달하고, 이 지역들에서 각 계절마다 여러 등급의 모차가 생산된다. 실제로 중국에서 가장 큰 보이차 차창인 맹해차창에서는 수백 종에 달하는 올해의 모차부터 각 연수별 모차까지 매우 다양한 원료들이 구비되어 있으며, 그 양도 수만 톤에 달한다. 이 수많은 원료 중에서 몇 가지, 혹은 몇 십 가지의 원료를 골라내고 조합하여 최상의 맛과 향을 끌어내는 것, 쉽게 할 수 있는 일이 아니다.

병배 과정이 끝나면 마른 찻잎에 뜨거운 증기를 쐬어 부드럽게 만든 후 만들고자 하는 형태에 맞는 천 주머니나 틀에 넣고 강한 힘으로 눌러 모양을 만든다. 수공으로 차를 만들 때는 차를 눌러주기 위해 약 30kg에 달하는 압차석壓茶石을 사용하고, 기계화 설비가 되어 있는 차창에서는 프레스를 써서 강하게 눌러주어 형태를 만든다. 차를 눌러준 후에는 차의 열기가 식을 때까지 기다렸다가 주머니를 벗겨낸 후 건조한다. 보이차 표면을 자세히 보면 천의 직조 자국이 보이기도 하는데, 이처럼 강한 힘으로 차를 누르기 때문에 이 과정에서 자국이 남는 것이다.

| 압차석

차의 굵은 줄기나 씨앗 등을 골라내는 작업

찻잎을 주머니에 넣고 차의 형태를 만드는 작업

압차석을 사용하여 수공으로 보이차의 형태를 만드는 모습

|프레스를 사용하여 보이차의 형태를 만드는 차창의 생산라인

차창의 수공 포장 생산라인

03
숙차 만들기

숙차熟茶는 모차를 원료로 하여, 발효-(병배)-압차-건조의 과정을 거쳐 만들어진다. 생차와 달리 중간에 '발효醱酵, fermentation' 과정이 들어가며, 이는 숙차의 품질을 결정짓는 가장 중요한 키포인트다.

숙차의 발효는 1973년에 개발된 '현대인공악퇴진화공예現代人工渥堆陳化工藝'라는 기술로 짧게 줄여 '악퇴渥堆'라고도 부른다. 간단하게 말하면 수 톤에 달하는 찻잎을 고른 높이로 쌓은 후 물을 뿌림으로써 습도를 올려 빠른 속도로 발효를 진행시키는 과정이다. 찻잎 더미에 수분을 공급하면 자연적으로 온도가 올라가게 되는데, 발효를 촉진시키기 위해서는 열이 손실되지 않도록 찻잎을 천으로 잘 덮어주어야 한다. 차가 고르게 발효될 수 있도록 찻잎을 한번씩 뒤집어 주고 다시 천을 덮어주는 과정을 반복하면서 약 40~60일 정도 시간이 흐르면 발효가 완성된다. 발효를 거치면서 여러 가지 미생물에서 분비된 효소를 통해 다양한 화학반응이 생겨나고, 수많은 성분들이 분해되고 생성되는 과정을 거치면서 숙차 특유의 진하고 부드러운 감칠맛, 진한 차의 색깔, 두터운 풍미가 만들어진다.

이렇게 발효된 찻잎은 생차와 마찬가지로 병배와 압차, 건조 과정을 통해 완성된다. 다만, 산차의 형태로 만들어지는 궁정보이 등의 숙차는 압차의 과정 없이 바로 건조시켜 완성한다.

건조가 끝나고 나면 생차와 숙차 모두 면지棉纸를 사용하여 포장한다. 현재까지 보이차의 포장은 일부 틴Tin을 사용하여 포장하는 산차가 자동화된 공장 라인을 거치는 것 외에, 절대다수의 보이차는 아직까지 수공으로 포장하고 있다. 때문에 각 차창의 포장 스타일이나 포장하는 사람에 따라 개성 있는 포장이 가능하다. 이 역시 보이차를 마실 때 주의해서 볼만한 재미있는 요소가 된다.

동그랗고 납작한 형태의 보이차를 세는 양사는 '편片'이라고 하고, 7편을 모아 대나무 껍질이나 종이 봉투에 넣어 포장을 한 것을 '통筒'이라고 한다. 4통이나 6통을 한 상자로 다시 포장하여 출하하는데 이 상자를 세는 단위는 '건件'이다. 일반적으로는 이렇게 포장을 하지만, 제품에 따라 특별히 제작한 틴에 넣거나 선물용으로 한 편씩 상자 포장하는 경우도 있다.

수공 면지 포장

편(片) 동그랗고 납작한 형태의 보이차 한 덩어리

통(筒) 7편을 모아 대나무 껍질이나 종이 봉투에 넣어 포장한 것

건(件) 4통이나 6통을 한 상자로 다시 포장한 것

│ 대나무 껍질로 포장한 보이차 한 통

종이 봉투에 포장 중인 차

보이차를 살 때, 무엇을 따져봐야 할까?

보이차는 중국을 다녀온 사람들에게서 선물로도 많이 받는 품목이지만, 선물 받은 차가 꼭 내 입맛에 맞으리라는 보장은 없다. 그래서 내가 선호하는 향과 맛을 지닌 차를 즐기려면 아무래도 직접 구입하는 것이 좋다. 그런데 보이차를 막상 사려고 하면, 도대체 어떤 것을 사야 할 지 갈피가 잡히지 않는다. 인터넷에는 검증되지 않은 정보들이 넘쳐나고, 종류도 너무 많은 데다 가격까지 천차만별이다. 그렇다면 내가 원하는 보이차, 무엇을 따져보고 사야 할까?

❶ 품질이 보장되는 것을 구입한다.

보이차는 식품이기 때문에 생산 과정도 위생적이고 안전해야 할 뿐 아니라 농약이나 중금속 등 인체에 해로운 성분이 없도록 엄격한 통관절차를 거친 제품을 구입하는 것이 좋다. 보이차에 대한 많은 지식이 있는 상태라면 스스로의 지식을 근거로 제품의 상태를 판단하면 될 것이다. 그러나 보이차는 안타깝게도 유명 브랜드의 제품을 모방해서 만든 모방품이나 포장지와 내용물이 다른 제품, 생산처를 알 수 없는 제품 등이 유통되는 일도 있어, 쉽게 판단하기 어려운 부분이 있다. 그래서 보이차 구입의 가장 기본적인 원칙은 믿고 구입할 만한 브랜드의 제품을 식약처의 농약·중금속 등의 유해물 검사를 거쳐 정식 통관한 것으로, 믿을 수 있는 구매처에서 구매하는 것이다. 이렇게 '품질이 보장되는 제품'으로 구입하는 것이 가장 안전한 방법이다.

❷ 마셔 본 후 구입한다.

보이차는 생산 후 바로 음용하는 신선제품이기도 하지만 또한 장기보관이 가능한 특징을 지닌 제품이다. 갓 만들어졌을 때는 모두 같은 품질의 차였을지라도 보관 상태에 따라 몇 년의 시간이 지나고 나면 전혀 다른 품질의 차가 되곤 한다. 그러므로 차를 구입하기 전에는 차의 상태를 먼저 육안으로 확인하고, 괜찮다고 판단이 되면 시음을 해보도록 한다. 일반적으로 보이차를 판매하는 곳에서는 시음 서비스를 제공하고 있다. 시음을 통해 차에 문제는 없는지, 내 기호에 맞는지 확인하고 구입하면 실패할 일이 없다. 그러나 고가의 차 일수록, 오래된 것 일수록, 희소성이 있는 차일수록, 포장지를 벗겨볼 수 없거나 시음을 할 수 없는 경우가 있는데, 이런 경우 차의 구체적인 상태를 알기 어렵기 때문에 신중하게 구입하는 자세가 필요하다.

❸ 적절한 가격의 차를 구입한다.

오래 보관할 수 있고 시간의 흐름에 따라 가치가 상승하는 보이차의 특성상, 장기적 소장에 목적을 두고 구매하는 경우도 있다. 그러나 보이차 역시 기호식품이며 마시는 음료라는 것을 전제로 한다면, 경제적인 부담을 느낄 만큼의 고가의 차를 구입하면 수시로 꺼내 마시기가 부담스러워 질 수밖에 없다. 그러므로 본인에 상황에 따라 적절한 가격의 차를, 적당한 양으로 구입하여 두었다가 생각날 때마다 꺼내 마실 수 있는 있는 선에서 구입하는 것이 좋다.

04

• • •

보이차에 숨어 있는
재밌는 이야기

보이차는 중국에서도 '알면 알수록 새로운 차'라는 평가를 받고 있다. 이는 보이차가 다른 차와 달리 모양도 다양하고, 산지나 계절 등 여러 요소에 따라 각 원료가 가지는 특성도 다르고, 시간의 흐름에 따라 조금씩 품질의 변화가 일어나기 때문이다. 그러나 이를 바꿔 말하면 차를 마시면 마실수록, 접하면 접할수록 새로운 면모가 속속 나타나는 질릴 틈 없는 차이기도 한 것이다. 사람도 다채로운 모습을 지녀 때에 따라 변모할 줄 아는 사람이 매력적이듯, 보이차도 다양한 매력을 지닌 재미있는 차다. 보이차의 다양한 면을 하나하나 들춰가며 이해해나가다 보면, 어느덧 낯설지 만은 않은 차가 될 것이다.

01
다양한 스타일의 보이차

보이차는 다른 차들처럼 일반적인 찻잎의 형태를 한 것도 있지만, 그보다는 찻잎을 한 덩어리로 뭉쳐 일정한 형태로 만든 것이 훨씬 많다. 게다가 그 모양도 매우 다채롭다. 전세계 그 어느 차도 이처럼 다양한 모양으로 생산되지 않으니, 이는 보이차 만의 독특한 매력이라 하겠다. 보이차의 다양한 스타일, 어떤 것들이 있는지 알아보자.

산차 Loose-leaf Tea

산차散茶란 '흩어질 산散' 자를 쓰는 것으로, 글자 그대로 어떠한 형태를 이루지 않고 찻잎 하나하나가 자연스럽게 흩어지는 상태의 차를 말하는 것이다. 우리가 평소에 즐겨 마시는 녹차나 홍차 모두 이러한 산차에 해당한다. 이러한 형태의 차는 모두 '산차'라고 부를 수 있으나, 아주 어린 잎으로 만든 보이 산차의 경우 '궁정보이宮庭普洱'라고 부르기도 한다.

긴압차 Compressed Tea

'단단할 긴緊', '누를 압壓'을 쓰는 긴압차緊壓茶는 찻잎을 세게 눌러 특정한 모양으로 찍어낸 것을 말한다. 산차와는 반대되는 개념으로 생각할 수 있다. 긴압차에는 병차, 타차, 소타차, 방차, 전차 등이 있다.

병차餠茶는 보이차의 가장 대표적인 형태이다. 중국에서 '병餠'이란 둥글고 납작한 모양의 밀가루 등의 재료로 만든 먹거리를 지칭하는 단어이다. 이 단어에서 미루어 짐작할 수 있듯이, 병차는 둥글 넙적한 형태의 차이다. 바닥이 동그랗고 목이 긴 형태의 천 주머니에 찻잎을 넣고 남은 천 부분을 돌돌 말아 가운데에 놓고 눌러 모양을 잡아주기 때문에, 차의 정면은 고르고 편평하고 뒷면 중앙은 천에 눌러 오목하게 들어가 있는 형태이다. 일반적으로 357g으로 가장 많이 만들며, 보통 차 7편을 모아 포장하기 때문에 '칠자병차七子餠茶'라고도 부른다. 그 외에도 100g, 200g 등 다양한 크기의 병차가 만들어지고 있다.

타차 Bowl-shaped Tea

타차沱茶는 보통 성인의 주먹 만한 크기로, 마치 둥근 그릇을 엎어놓은 것처럼 위는 볼록하고 아래쪽은 움푹 들어가 있는 것이 특징이다. 100g이나 250g의 크기로 많이 제작하며, 5개를 한 줄로 놓고 포장하거나 한 개씩 개별 포장한다.

소타차 Mini Bowl-shaped Tea

소타차小沱茶는 한번 우려마실 수 있을 만큼의 양인 약 5~8g 정도를 한 덩어리로 만든, 손가락 한 마디 정도 크기의 동그란 형태의 차를 말한다. 다른 보이차가 조금씩 뜯어내서 우려야 하는 반면, 소타차는 한 개를 그대로 넣고 우리면 되기 때문에 다른 형태의 차에 비해 편리한 것이 특징이다. 최근에는 금박이나 은박 포장을 하여 마치 초콜릿을 연상케 하는 패키지를 많이 사용한다.

방차 Square Tea

중국어로 '방方'이란 '사각형'을 의미하는데, '방차方茶'란 글자 그대로 '정사각형 모양의 차'를 뜻한다. 보통 100g·200g·250g 등으로 많이 제작되며, 초콜릿 바처럼 표면에 홈이 있거나 '차茶'·'보이방차普洱方茶'와 같은 글자나 생산 회사의 로고 등이 새겨져 있는 경우가 많다.

전차 Brick Tea

'전磚'은 벽돌을 뜻하는 글자로, '전차磚茶'란 마치 벽돌처럼 직사각형의 형태를 띤 차들을 말한다. 1960년대부터 지금까지 꾸준히 생산되고 있으며, 200g·250g·300g·500g·1kg 등 다양한 규격으로 만든다.

현대인의 생활 패턴의 변화에 따라 보다 간편하고 빠르게 즐길 수 있도록 많은 종류의 보이 티백차들이 만들어지고 있다. 오리지널 생차와 숙차 외에도, 연도수가 다른 티백, 생산지에 따른 티백, 장미나 국화 등의 꽃과 블렌딩한 차 등 다양한 제품이 출시되고 있다.

보이차는 일반적으로 많이 만들어지는 병차, 타차, 방자 전차 외에도 매우 다양한 형태로 만들어진다. 이 중에는 '금과金瓜, Pumpkin-shaped Tea'라고 불리는 커다란 호박 모양의 차나 크기가 다른 금과를 위로 높게 쌓아 탑처럼 만드는 차도 있다.

또한 관광지에서 차 표면에 여러 가지 그림이나 글자를 찍어 장식성을 강조한 차들도 많이 판매하는데, 이러한 차들은 생산자 정보를 확인할 수 없는 경우, 음용보다는 장식용으로 사용하는 것이 있으므로 주의하자.

02
이름에 담긴 비밀

보이차는 여러 형태만큼이나 이름 또한 다양하다. 차를 생산하는 지역 이름을 붙이기도 하고, 원료의 특성을 이름에 표시하기도 한다. 또 그 해의 기념적인 사건을 모티브로 삼는 경우도 있고, 각 띠 별로 이름을 붙이기도 한다. 그리고 이름 자체가 숫자로 되어 있는 경우도 있다. 이름에 담긴 의미를 이해하면, 보이차가 보인다.

숫자로 된 보이차 이름

　7542, 7572, 8592, 8541, 7581, 8653, 8633. 보이차 포장에 보면 이런 숫자들이 적혀 있다. 이 숫자들은 무엇을 의미할까? 바로 보이차의 이름이다. 차의 이름이 글자가 아닌 숫자로 되어 있는 것이 상당히 낯설게 느껴진다.

　숫자로 된 보이차의 이름은 아무 숫자나 마음대로 나열한 것이 아니라, 차에 대한 많은 정보를 담고 있다. 네 자리 숫자 중 앞의 두 자리는 해당 차의 배방配方, 즉 병배 방법이 만들어진 시기를 의미한다. 예를 들어 7542라는 차가 있다면, 이 차의 원료를 혼합하는 방법인 배방이 만들어진 해가 1975년이라는 뜻이다. 그리고 세 번째 자리의 숫자는 사용된 원료의 종합적인 등급을 의미한다. 그러니까 7542는 종합 4등급의 차를 사용하여 만든 차이다. 그리고 맨 마지막 숫자는 차가 어느 차창에서 생산되었는지를 알려준다. 각 차창은 각자의 고유번호를 가지고 있는데, 1은 곤명차창, 2는 맹해차창, 3은 하관차창을 의미한다. 그렇기 때문에 7542는 '75년도에 만들어진 배방을 이용하여 종합 4등급의 원료를 가지고 맹해차창에서 만든 차'라는 의미가 담겨 있는 이름인 것이다.

大益七子饼

7542
보이차(생차)
중 량:357g

TAETEA
大益茶
since 1940

大益茶业集团·勐海茶厂·中国云南西双版纳
Menghai Tea Factory,TAETEA Group·Xishuangbanna,Yunnan

숫자로 된 이름 읽는 법

- 배방이 만들어진 해
- 사용된 원료의 종합 등급
- 차를 제조한 차창의 고유번호

주요 차창 고유번호

❶ 곤명차창(昆明茶廠)
❷ 맹해차창(勐海茶廠)
❸ 하관차창(下關茶廠)

보이차는 어떤 원료를 사용했느냐에 따라 품질의 차이가 매우 크기 때문에, 원료의 특징을 넣어 이름을 정하는 경우도 있다. 이런 차의 경우 이름을 보면 어떠한 원료를 사용했는지 알 수 있다.

계절성을 강조한 이름

보이차의 원료는 계절에 따라 조금씩 맛과 향이 다르다. 일반적으로 봄차는 맑은 향과 풍부한 맛, 가을차는 과일향이나 꽃향기가 매력적이기 때문에 봄차와 가을차는 보이차를 만들 때 가장 선호되는 원료이다.

'대익춘조大益春早'를 예로 들어보자. 이름에서 나타나듯, '대익에서 만든 이른 봄차'라는 의미다. 이 차는 봄차 중에서도 아주 이른 봄날에 딴 잎으로 만든 차로 봄차 특유의 상큼한 향과 맛이 느껴지는 것이 특징이다.

보이차의 원료는 각 지역에 따라 아주 다른 특징을 가지고 있다. 중국에는 보이차 원료의 특징을 나타내는 '반장은 왕이요, 이무는 왕후다班章爲王, 易武爲後'라는 유명한 말이 있다. 반장과 이무는 모두 이름난 보이차 산지로, 반장班章 지역의 원료는 쓰고 떫은 맛이 강하고 전체적으로 차의 기운이 센 것이 특징이다. 반대로 이무易武 지역의 원료는 향기가 은은하고 맛이 부드러워 흔히 여성적인 느낌이 있는 원료로 손꼽힌다. 이처럼 산지가 어디냐에 따라 완성된 보이차 각각의 개성이 확연히 다르기 때문에 보이차 이름에도 해당 지역 이름을 그대로 쓰는 경우가 많다.

예를 들어, '이무정산易武正山'이라는 이름의 차는 이무의 부드러운 특징을 그대로 담아낸 차이고, '포랑청병布朗青饼'은 포랑산에서 생산된 원료로 만들어진 생차로 포랑 지역의 특징인 쓰고 떫은 맛과 난꽃향이 잘 나타나는 차라는 의미이다.

105

계절이나 지역 외에도 원료 자체가 가지는 특징을 표현한 것들이 있다. 그 중에 대표적인 차가 '노차두老茶头'다. 차두란 차를 발효시키는 과정에서 팩틴의 작용으로 인해 찻잎이 뭉쳐 덩어리진 것을 말하며, 달달한 맛과 부드러운 목넘김이 특징적인 원료이다. 노차두란 그 이름대로 차두를 이용하여 만든 차이고, 차두 앞에 '노' 자를 썼으므로 올해의 차두뿐 아니라 여러 해 숙성된 차두를 사용하여 만든 차라는 것을 의미한다.

그리고 '진운방차陈韵方茶'라는 차를 보자. '진운陈韵'은 연도수가 어느 정도 있는 차에서 나타나는 다소 묵직한 느낌의 향과 맛을 지칭한다. 그러니 차 이름에 진운이란 단어가 쓰였으면 몇 년 이상 된 원료, 즉 진료陈料를 사용했다는 의미이다. 그리고 정사각형의 차를 뜻하는 '방차方茶'라는 단어가 쓰였으니, 진운방차란 '진료를 사용해 만든 정사각형의 차'라는 뜻이다.

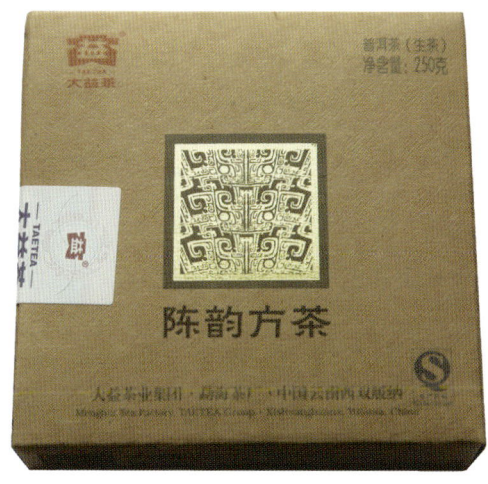

중국에서의 차는 단순한 기호식품을 넘어서 문화적 가치를 지닌 문화상품이기도 하다. 그래서 역사적인 의미가 있는 해나 기념할 만한 이벤트가 있으면 그것을 모티브로 한 보이차가 제작되기도 한다.

예를 들어 2011년에 제작된 '신해백년辛亥百年'은 1911년에 일어났던, 중화민국이 탄생하게 된 역사적 사건인 신해혁명의 100주년을 기념한 차이다. 1911g의 커다란 병차로도 제작이 되었다.

또한 '진장아운珍藏亜运'은 2010년 광저우 아시안게임을 기념하기 위해 제작된 차로, '아운亜运'은 중국어로 아시안게임을 줄여 쓰는 말이다.

이 외에도 한국과 중국의 수교 20주년을 기념해 만들어진 '한중수교 20주년 기념차韓中建交二十周年記念茶' 등이 있다.

03
오래될수록 좋은 차

    우리가 즐겨 마시는 녹차는 맛있게 즐길 수 있는 시간이 그리 길지 못하다. 싱그러운 봄기운 가득하고 향기롭던 녹차도 이듬해 봄이 되어 새로운 햇차가 나오기 전까지 다 마시지 못하면, 색이 점점 누렇게 변해버려 마시기도 그렇고 처분하자니 아까운 천덕꾸러기가 되어버리고 만다. 보이차는 와인에 빈티지vintage란 개념이 존재하는 것과 마찬가지로 '시간의 가치'가 부여되는 차다. 중국에서도 가장 외진 곳으로 손꼽히는 윈난에서 만들어진 차가 오늘날 이렇게 전세계 사람들에게 알려지게 된 것은, 보이차가 '시간이 흐를수록 품질이 좋아지는 차'라는 인적이 생기면서부터라고도 할 수 있을 것이다. 그렇다면 보이차, 정말로 오래될수록 좋은 차일까?

보이차, 오래된 것이 좋은 것인가요?
YES!

보이차가 만들어지고 시간이 지날수록 차는 점차적으로 자연 산화의 과정을 거치며, 색깔과 맛, 향기의 변화를 겪는다. 보이차의 이런 변화를 '진화陳化, Ageing'라고 부른다. 이처럼 몇 년간의 진화의 시간을 겪은 차들을 '진차陳茶', '진년차陳年茶', 혹은 '진년보이陳年普洱'라고 부르며, 약 10여 년 이상 된 차들은 '노차老茶'라고도 부른다.

이렇게 보이차가 오랜 시간을 거치면 찻잎이나 차를 우렸을 때 찻물이 점점 붉어진다. 향기는 햇차의 맑고 풋풋한 향기에서 점차 달콤한 꽃향기나 과일향기로 바뀐다. 그리고 시간이 더 지나면 나무 냄새와 비슷한 묵직한 느낌의 향기를 지니게 된다. 맛 역시 신선한 느낌은 점차 사라지고 쓴맛, 떫은 맛, 달큰한 맛 등의 여러 가지 맛들이 부드러우면서도 조화롭게 어울리는 느낌으로 바뀌어간다. 보이차의 변화는 마치 우리의 인생과도 닮아 있다. 젊었을 때는 조금 서툴더라도 열정적이고 활기차지만, 나이가 들어갈수록 체력은 떨어질지라도 연륜과 지혜가 쌓이고 진중해지는 것처럼 말이다. 이러한 진화과정을 거친 오래된 보이차는 점차 두텁고, 묵직하고, 조화롭고, 부드러워진다. 그와 더불어 가치도 상승하는 것이다.

| 1년 된 7542

| 9년 된 7542

보이차, 오래된 것 만이 좋은 것인가요? NO!

시간이 흐르면서 보이차에 변화가 일어나기는 하지만, 마냥 차를 오래 놔두기만 했다고 좋아지는 것은 아니다. '보이차의 시간'에 있어 가장 중요한 것은 환경적 요인이다. 제대로 갖춰진 환경에서 보관된 보이차는 시간이 지날수록 풍미가 좋아지지만, 올바르지 못한 환경에서 보관한 보이차는 시간이 흐르면서 변질된다. 최악의 경우 음용에 적합하지 않은 상태가 되기도 한다. 그래서 보이차가 무조건 시간이 지나기만 하면 좋아진다고는 할 수 없다.

우리가 마시는 와인을 생각해보자. 직사광선을 피하고 서늘한 곳에서 제대로 보관된 와인은 시간이 지날수록 가치가 상승한다. 그러나 반대로 햇볕이 쨍쨍한 곳이나 온도가 너무 높은 곳에 두면 상하게 된다. 와인이 대중화되면서 가정용 와인셀러가 많이 보급된 것 역시, 와인 저장에 적합한 환경을 조성해 주어야 한다는 인식이 보편적으로 생겼기 때문이다. 보이차도 와인과 마찬가지로 '적합한 요소가 갖춰진 환경'에서 보관했을 때만이 제대로 된 '노차'를 즐길 수 있다.

보이차 보관의 키포인트

그렇다면 보이차는 어떻게 보관해야 할까? 보이차의 보관에 있어 가장 중요한 키포인트는 온도, 습도, 통기성이다.

보이차를 우리나라에서 보관한다는 전제 하에, 지역에 따른 온도의 편차가 중국처럼 크지 않기 때문에 온도는 그다지 신경 쓰지 않아도 된다. 온도보다는 습도와 통기성에 더 주의해야 한다. 사람이 편안하다고 느끼는 습도, 혹은 그것보다 약간 더 습한 정도이면 보이차 보관에는 적당하기 때문에 우리가 사는 집에 보관해도 별 문제는 없다. 그러나 여름 장마 기간처럼 유난히 습한 시기에는 차의 상태를 자주 확인하여 지나치게 습하다고 생각되면 보관 장소를 바꿔준다. 그리고 난방을 하는 겨울철이 되면 사람이 느끼기에도 매우 건조한데, 이럴 때는 가습기를 틀어주는 식으로 보이차를 보관하는 곳의 습도가 너무 낮아지지 않도록 한다. 그러나 차에 직접 물기가 닿는 일은 없어야 한다. 만약 차가 잘못 보관되어 육안으로 보기에도 확연하게 곰팡이가 피었다면 아까워하지 말고 처분하자.

보이차를 포장하는 가장 보편적인 재료는 한지와 비슷한 '면지棉紙'라고 부르는 종이, 대나무 껍질, 종이상자 등이다. 이 포장재의 공통점은 바로 '완벽하게 밀봉되지 않는다'는 것이다. 보통 식품을 보관할 때는 공기와의 접촉을 차단하여 쉬이 변질되지 않게 하는 것이 기본 원칙이다. 녹차나 홍차를 포장하는 용기 역시 공기와 습기를 차단할 수 있는 밀봉이 잘 되는 봉투나 틴이다. 그러나 보이차는 공기와 적절히 접촉할 때 적당한 수준의 변화를 일으킬 수 있기 때문에 완전히 밀봉되는 용기를 사용하는 일이 거의 없는 것이다. 그래서 보이차를 개봉한 후에도 원래 포장지에 다시 싸서 보관하면 되고, 만약 다른 용기에 옮겨 담고 싶다면 밀폐 용기보다는 통기성이 좋은 항아리 같은 것에 담는 것이 좋다. 단, 음식물이나 식재료 냄새가 나는 용기에 담을 경우 보이차에 잡내가 나게 된다는 것을 기억하자.

보이차 보관의 4대 원칙

원칙 ❶ | 차는 냄새가 나지 않는 곳에!

차는 음식 냄새, 기름 냄새, 담배 냄새 등 여러 가지 잡내를 잘 빨아들이는 성질이 있으므로, 가능한 냄새가 나지 않는 깨끗한 곳에 보관한다. 냄새가 강한 음식을 많이 하는 편이라면 주방도 피하는 것이 좋다.

원칙 ❷ | 생차와 숙차는 따로!

생차와 숙차는 그 제조 방법이 다른 것 만큼이나 맛과 향이 매우 다르다. 그런데 같은 보이차라고 생차와 숙차를 한데 놓고 오랜 시간 지나게 되면 서로의 향과 맛이 뒤섞일 수 있다. 생차는 생차끼리, 숙차는 숙차끼리 모아 보관하자.

원칙 ❸ | 직사광선은 피해서!

어떠한 식품이든 식품은 직사광선을 피해 보관하는 것이 기본이다. 쨍쨍한 햇볕은 빛의 속도로 차의 변질을 초래한다. 보이차는 그늘지고 서늘하며 통풍이 잘되는 곳에 보관하자.

원칙 ❹ | 냉장고는 절대 금물!

보이차를 냉동실에 넣어 얼려버리면, 아무리 오랜 시간이 지난다고 해도 차에는 별다른 변화가 일어나지 않아 보이차의 가장 큰 장점인 시간에 따른 변화되는 품질을 즐길 수 없다. 또 냉장실에 넣으면 다양한 식재료의 냄새를 모두 흡수해 차 본연의 향을 잃게 된다. 냉장고는 보이차가 가장 멀리 해야 하는 장소이다.